HEYNE<

Für Mary

Ashley Davis Bush

Das kleine Buch der Ruhe und Gelassenheit

Ganz entspannt die Stürme des Alltags meistern

Aus dem Englischen übersetzt
von Karin Weingart

WILHELM HEYNE VERLAG
MÜNCHEN

Die Originalausgabe erschien 2017 in Großbritannien unter dem Titel *The Little Book of Inner Peace* bei Gaia Books, ein Imprint von Octopus Publishing Group Ltd, Carmelite House, 50 Victoria Embankment, EC4Y 0DZ, England

Die in diesem Buch vorgestellten Informationen und Empfehlungen sind nach bestem Wissen und Gewissen geprüft. Dennoch übernehmen die Autorin und der Verlag keinerlei Haftung für Schäden irgendwelcher Art, die sich direkt oder indirekt aus dem Gebrauch der hier beschriebenen Anwendungen ergeben. Bitte nehmen Sie im Zweifelsfall bzw. bei ernsthaften Beschwerden immer professionelle Diagnose und Therapie durch ärztliche oder naturheilkundliche Hilfe in Anspruch.

Sollte diese Publikation Links auf Webseiten Dritter enthalten, so übernehmen wir für deren Inhalte keine Haftung, da wir uns diese nicht zu eigen machen, sondern lediglich auf deren Stand zum Zeitpunkt der Erstveröffentlichung verweisen.

Verlagsgruppe Random House FSC®-N001967.
Deutsche Taschenbuchausgabe 11/2017
Copyright © 2017 by Ashley Davis Bush
Copyright © 2017 dieser Ausgabe by Wilhelm Heyne Verlag, München, in der Verlagsgruppe Random House GmbH
Neumarkter Straße 28, 81673 München
Copyright Design und Layout © 2017: Octopus Publishing Group Ltd
Alle Rechte sind vorbehalten. Printed in Czech Republic
Umschlaggestaltung: Guter Punkt, München unter Verwendung eines Motivs von shutterstock / sibiranna
Designer: Rosamund Saunders
Illustrationen: Abigail Read
Satz: Vornehm Mediengestaltung GmbH, München
Druck und Bindung: Těšínská Tiskárna, Český Těšín
ISBN 978-3-453-70345-2

www.heyne.de

Inhalt

Einführung 6

1
Geerdet und fest verwurzelt 14

2
Entspannung 26

3
Gelassenheit 36

4
Akzeptanz 46

5
Dankbarkeit 58

6
Mitgefühl 68

7
Das größere Ganze 78

Literaturhinweise 94

Dank 96

Einführung

Was hinter uns
und was vor uns liegt
ist nichts gegen das,
was in uns liegt.

Ralph Waldo Emerson

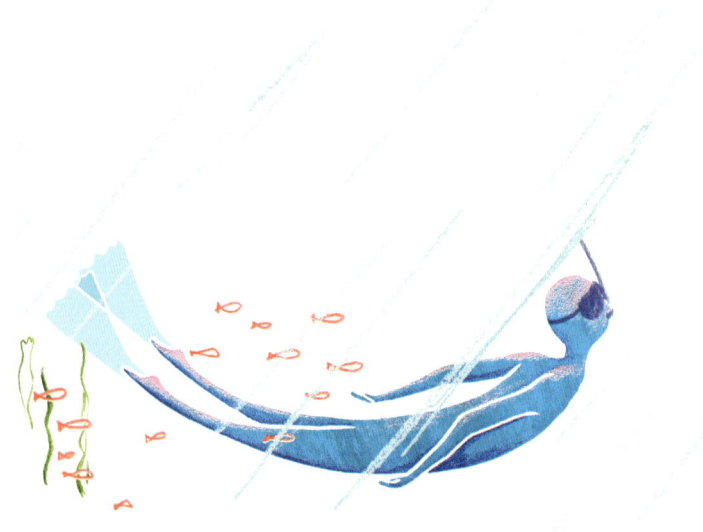

Was eigentlich ist innere Ruhe?

Ahhh ... Wonne. Ausgeglichenheit. Gelassenheit.
Innere Ruhe ist ein tiefes, bleibendes Gefühl stiller Zufriedenheit. Sie kennen es vielleicht aus bestimmten Situationen, in denen es sich spontan eingestellt hat: etwa angesichts eines herrlichen Sonnenuntergangs, bei einem Waldspaziergang, als Sie gemütlich in der Badewanne lagen oder vor dem flackernden Kamin saßen.

Sobald sich dann aber die Gedanken ihren Weg suchen oder irgendetwas geschieht, scheint die friedliche Stimmung mit einem Mal wie weggeblasen. Doch die gute Nachricht lautet: Wahrer innerer Friede ist nichts Flüchtiges, sondern ein uns allen innewohnender Zustand stiller Bewusstheit. Und wir können lernen, uns selbst in den schwierigsten, stressigsten Situationen mit diesem tiefen Reservoir an stiller Beschaulichkeit zu verbinden. Denn es steht uns stets zur Verfügung, vollkommen unabhängig von äußeren Umständen.

Einführung

Stellen Sie sich nur einmal vor, wie es wäre, selbst im größten Chaos Gelassenheit erleben zu können:

- mitten im Berufsverkehr,
- in der Notaufnahme einer Klinik,
- während eines Wettkampfes,
- wenn die Kinder nerven,
- beim Besuch der Schwiegereltern.

Der höchste Ausdruck inneren Friedens – die fest verankerte mitfühlende Bewusstheit – ist letzten Endes ein Mitschwingen mit dem Leben, unabhängig vom Außen, weit und beständig wie die Tiefen des Ozeans. Mit etwas Übung werden Sie bald in der Lage sein, schnell die wilden, wechselhaften Wellen an der Oberfläche zu durchdringen und in die ruhige Unergründlichkeit des Meeres abzutauchen. Sie werden lernen, jeden Augenblick Ihres Lebens mit tiefer innerer Ruhe zu erfüllen.

Sollten Sie befürchten, eine Robe tragen, sich die Haare abrasieren, in einer Höhle meditieren und sich einen Sanskrit-Namen zulegen zu müssen, um diesen Zustand der Gelassenheit erreichen zu können, kann ich Sie beruhigen.

Inneren Frieden kann jeder erlangen, egal wo. Denn es ist eine Lebensweise – eine Art, sich dem Leben anzuschließen, die mit Aufgeschlossenheit, Gelassenheit und Akzeptanz einhergeht.

Zu einem naiven, einfach gestrickten Menschen macht diese Friedfertigkeit Sie natürlich nicht. Sie werden sich auch nicht von der Welt abwenden oder den vielen Herausforderungen des Alltags aus dem Weg gehen. Innere Ruhe zu haben heißt vielmehr, dass Sie sowohl die schwierigen als auch die schönen Aspekte des Lebens wahrnehmen und von einem Standpunkt der ruhigen Ausgeglichenheit aus betrachten.

Einführung

Wie finden Sie diese Gelassenheit?

Wie bekommen Sie nun aber Zugang zu diesem inneren Frieden? Durch Üben. Mit und in diesem Buch möchte ich Sie zu achtsamen Momenten des Innehaltens einladen, die Ihren Geist beruhigen, Ihre Bewusstheit fördern und Sie dem Zustand der stillen Ausgeglichenheit näherbringen. Diese einfachen Übungen wirken sich nicht nur auf Sie selbst positiv aus, sondern auch auf Ihre Arbeit, Ihre Beziehungen und letztlich die Welt.

Alle sieben Teile dieses Büchleins – »Geerdet und fest verwurzelt«, »Entspannung«, »Gelassenheit«, »Akzeptanz«, »Dankbarkeit«, »Mitgefühl«, »Das größere Ganze« – stellen Wege zum Erreichen inneren Friedens dar. Unter der jeweiligen Überschrift finden sich Instrumente und Methoden: Stille, Bewegung, Achtsamkeit (die Kunst, präsent zu sein), Meditation, bewusstes Atmen, Visualisierung, Kreativität und stille Betrachtung. Sie alle bringen Sie in den Genuss bestimmter Wohltaten und Annehmlichkeiten.

Womöglich schenkt Ihnen schon eine einzige Einheit mit einer dieser Miniübungen innere Ruhe. Doch sobald Sie sie regelmäßig durchführen, beginnt sich Ihr Hirn neu zu verdrahten. Denn wie Forscher auf dem Gebiet der Neuroplastizität nachweisen konnten, lässt sich das Gehirn durch neue Gewohnheiten verändern. Und die Übungen in diesem Buch können so auf die neuronalen Netze im Hirn einwirken, dass es sich verstärkt auf das Erleben von Ruhe und Bewusstheit einstellt.

Tauchen Sie also ein und entdecken Sie Ihre eigene innere Quelle. Jeder Tag bietet eine neue Gelegenheit, tiefe innere Ruhe zu erfahren. Und bewusst auszukosten.

Die Vorzüge inneren Friedens

Menschen, die sich regelmäßig in ruhiger Gelassenheit üben:

- leiden seltener unter Angstzuständen, Depressionen, Zorn und Verbitterung,

- lassen sich von Geschehnissen im Außen weniger leicht unterkriegen,

- sind zufriedener und ruhiger,

- sehen der Zukunft zuversichtlicher entgegen,

- wissen, dass innerer Frieden jederzeit zu erlangen ist,

- zeigen sich öfter spontan dankbar,

- folgen dem Fluss des Lebens, statt sich ihm entgegenzustemmen,

- sind liebenswürdiger zu sich und anderen,

- strahlen eine friedfertige Energie aus,

- fühlen sich mehr mit dem Leben in seiner Ganzheit verbunden.

Einführung

Frieden …

… heißt nicht, dass es keinerlei Störungen, Sorgen oder schwere Arbeit gäbe. Nein, Frieden bedeutet, inmitten all dessen im Innersten zutiefst ruhig zu bleiben.

Anonym

1
Geerdet und fest verwurzelt

Unser heutiges Leben scheint fast nur noch aus Aufgaben, Terminen und verwirrenden Nachrichten zu bestehen, die von überallher permanent auf uns einprasseln. Die pausenlose Überfütterung mit Informationen kann aufregend und spannend sein … aber auch anstrengend.

Die Gefahr besteht darin, dass wir uns wie empfindliche Pflänzchen hin und her reißen lassen von den Winden der Umstände, auf die wir keinen Einfluss haben.

Die bessere Alternative: fest verwurzelt und standhaft zu bleiben, selbst im heftigsten Sturm. Denn wenn wir uns erden und verankern, können wir den Anforderungen des Lebens mit größerer Leichtigkeit, Anmut und Stabilität begegnen.

Der Kreis der Liebe

Wir Menschen sind Beziehungswesen, dazu gemacht, die Wege des Lebens gemeinsam zu beschreiten, uns nicht zu isolieren oder von den Mitreisenden abzusondern. Beziehungen geben uns das Gefühl, in Sicherheit und geborgen zu sein. Mithilfe von Visualisierungen können wir diese Verbundenheit jederzeit neu beleben oder wiederaufleben lassen – zu allen Menschen, die uns je etwas bedeutet haben.

Machen Sie es sich bequem und schließen Sie die Augen. Atmen Sie tief in den Bauch. Nun stellen Sie sich vor, Sie befänden sich an einem schönen, weiten Platz, vielleicht auf einer großen Wiese oder auch in einem Festsaal. Wichtig ist, dass Sie Ihre Umgebung als angenehm und heiter empfinden.

In diesem behaglichen Ambiente umgeben Sie sich jetzt mit Menschen oder anderen Lebewesen, die Sie lieben.

※ Rufen Sie sich zunächst die Menschen vor Ihr inneres Auge, die Ihnen zur Seite standen, als Sie noch Kind waren: Eltern, Opa und Oma, Lehrer, vielleicht den Gemeindepfarrer oder auch eine frühere Trainerin. All diese Menschen stellen sich im Halbkreis vor Ihnen auf (ob sie noch leben oder nicht, ist dabei gleichgültig). Spüren Sie die Wellen der Liebe, die von ihnen ausgehen?

※ Als Nächstes laden Sie Freunde und Freundinnen zu sich ein, die in Ihrem Leben einmal eine wichtige Rolle gespielt, Sie länger auf Ihrem Lebensweg begleitet oder ihn auch nur kurz gekreuzt haben. Bitten Sie auch diese Menschen in den Kreis.

※ Nun rufen Sie gedanklich die ganz besonderen Personen oder anderen Lebewesen herbei, deren Liebe Ihnen gilt. Fordern Sie sie auf, den Kreis hinter Ihnen zu schließen. Sie stärken Ihnen den Rücken und wärmen Sie mit ihrer Liebe. Bei diesen Personen kann es sich zum Beispiel um Ihren Partner/Ihre Partnerin, um Ihre Kinder, Enkel, um Lehrer, Chefs, Kollegen und Mentoren handeln, seien sie noch unter den Lebenden oder nicht. Sie sind von ihnen umgeben und genießen die Energie ihrer Liebe.

※ All Ihre »Wohltäter« bilden nun einen Kreis der Liebe, der sich um Sie dreht und Sie mit großem Wohlwollen versorgt. Sehen Sie das Lächeln auf den Gesichtern der Menschen, das Strahlen in ihren Augen. Spüren Sie die Wärme, die Sie umfängt und die nun auch in Ihnen aufsteigt.

※ Genießen Sie das beruhigende, stabilisierende Gefühl, das von so viel inniger Zuneigung ausgeht.

※ Schließlich öffnen Sie die Augen und gehen weiter Ihrem Tagewerk nach – begleitet von der Liebe in Ihrem Herzen.

Geerdet und fest verwurzelt

Der Talisman

Als Barack Obama noch Präsident der USA war, wurde er gefragt, was sich denn in seinen Taschen befinde. (Erstmals soll diese mittlerweile beliebte Journalistenfrage im 19. Jahrhundert dem damaligen Staatsoberhaupt Abraham Lincoln gestellt worden sein.)

Präsident Obama antwortete, er habe eine ganze Reihe von Glücksbringern in den Taschen – einen Rosenkranz, den ihm der Papst geschenkt hatte; ein Buddha-Figürchen, überreicht von einem buddhistischen Mönch; einen Pokerchip und ein kleines koptisches Kreuz aus Äthiopien. Wie es heißt, greift Obama immer mal wieder in seine Taschen und berührt die Glücksbringer, weil es ihn erde.

Dieselbe Absicht verfolge ich, wenn ich meinen Klienten empfehle, einen kleinen Stein bei sich zu haben oder einen Anhänger zu tragen, den sie sich erst aussuchen und dem sie dann eine Eigenschaft zuweisen.

Probieren Sie es doch auch einmal aus.

 Suchen Sie sich als transportable Verkörperung von etwas Immateriellen einen Stein, Anhänger oder anderen kleinen Gegenstand aus. Vielleicht verfügt Ihr Talisman über schützende Kräfte? Oder steht für Friedfertigkeit? Für Stärke? Womöglich soll er Sie auch nur daran erinnern, mal innezuhalten und wieder in Ihre Mitte zu kommen.

❋ Verwahren Sie ihn an einer leicht zugänglichen Stelle, eventuell in der Hosentasche, im Geldbeutel, im Rucksack oder in einer Schublade.

❋ Halten Sie Ihren Talisman täglich eine Weile in der Hand, damit er Sie an Ihre Stärken, Ihre Leidenschaft, Ihr Ziel oder daran erinnert, bewusst eine Pause einzulegen und sich zu erden. Lassen Sie sich von dem Gegenstand in Ihre Mitte bringen, an die Heimstatt wahrer Gelassenheit.

Mit allen Sinnen

Obwohl das Einzige, was wir haben, die Gegenwart ist, leben wir doch oft in Gedanken an Vergangenheit oder Zukunft. Diese Hirngespinste kann nur die volle Präsenz im Jetzt vertreiben.

Die folgende Übung, bei der Sie sich ganz auf Ihre Sinne konzentrieren, verankert Sie im gegenwärtigen Moment, auch dann, wenn Sie sich in Sorgen oder Ängsten verloren haben. Setzen Sie sich zunächst bequem hin und nehmen Sie einen kleinen Gegenstand in die Hand.

 Sehen: Betrachten Sie alle Einzelheiten des Objekts. Nehmen Sie jede Nuance wahr, alle Farben, den Lichteinfall. Treten, während Sie genau hinschauen, bestimmte Details vielleicht mehr in den Vordergrund?

 Berühren: Spüren Sie, wie sich der Gegenstand in Ihrer Hand anfühlt. Rau? Glatt? Kühl? Warm? Weich? Stählern? Registrieren Sie die Konsistenz. Fühlt sich das Objekt in der Handfläche anders an, als wenn Sie es mit den Fingerspitzen berühren?

 Hören: Schließen Sie die Augen und achten Sie auf Umgebungsgeräusche – nah, weit entfernt, laut, leise, rhythmisch, ansprechend, störend. Lauschen Sie auf jeden Laut und benennen Sie ihn: »schnarchender Hund«,

»Kinderlachen«, »Regen auf Hausdach«, »entfernte Stimmen«, »Krankenwagen«, »tickender Wecker«, »Wind«, »Vogelgezwitscher«. Achten Sie auch auf die Stille zwischen den Tönen.

 Fühlen: Mit weiterhin geschlossenen Augen richten Sie Ihre Aufmerksamkeit nun nach innen. Scannen Sie Ihren Körper ab: Bemerken Sie Verspannungen, Verhärtungen, ein Kribbeln? Atmen Sie in die betroffenen Stellen. Widmen Sie sich auch Körperteilen, die Sie normalerweise kaum beachten: Ellbogen, Fußgelenke, Nacken. Verändern sich Ihre Empfindungen mit der Aufmerksamkeit, die Sie aufbringen?

Als sinnesbegabte Wesen machen wir ständig sensorische Erfahrungen. Doch leider entgehen sie uns oft, weil wir allzu sehr mit anderem beschäftigt sind. Nutzen wir unsere Sinne daher als Einfallstor in die Einzigartigkeit des gegenwärtigen Augenblicks.

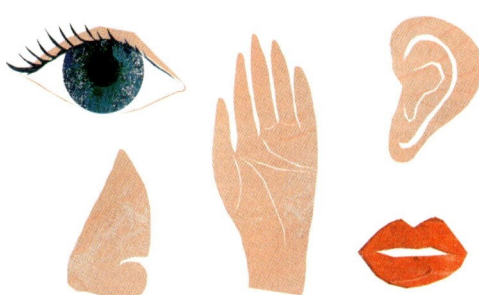

Der erdende Atem

Die folgende Atemtechnik habe ich von einem meiner Lehrer gelernt, der sie mir zur täglichen Selbstfürsorge empfahl, weil sie mich, wie er sagte, in mir verankern würde, auch angesichts der Traumata, Probleme und inneren Konflikte meiner Klienten. Ich mache diese Übung mittlerweile seit 30 Jahren.

- Nehmen Sie im Stehen oder Sitzen eine aufrechte Haltung ein; beide Füße stehen fest auf dem Boden.

- Stellen Sie sich vor, Sie würden durch die Fußsohlen atmen.

- Spüren Sie, wie warme, kraftvolle Energie aus dem Erdinneren in Ihnen aufsteigt.

- Nehmen Sie wahr, wie der Atem Ihre Beine erreicht und seinen Weg über den Rumpf in den ganzen Körper findet. Dabei bleiben Sie fest mit dem Erdboden verbunden.

※ Um das Aufsteigen des Atems und der Energie von Mutter Erde noch zu verstärken, können Sie die Arme nach oben heben.

※ Während Sie »durch die Fußsohlen« weiteratmen, stellen Sie sich vor, fest in der Erde verankert zu sein, tief in unserem Planeten verwurzelt.

2
Entspannung

Wer in Harmonie mit sich lebt, befindet sich auch mit dem Universum im Gleichklang.

Mark Aurel

Gewiss, moderne Annehmlichkeiten wie Autos, Wasch- und Spülmaschinen helfen, Zeit zu »sparen«. Trotzdem haben wir heute offenbar weniger Muße als je zuvor. Jeder technische Fortschritt geht sogar mit einem Mehr an Arbeit einher. Auf dem Laufenden und miteinander in Verbindung zu bleiben setzt das ständige Checken unserer E-Mails, Snapchat-, Facebook- und Twitter-Accounts sowie der Nachrichten voraus, und mal offline zu gehen wird beinahe zu einem Ding der Unmöglichkeit.

Und weil das menschliche Gehirn gleichermaßen auf Neuigkeiten geeicht ist wie auf Verbundenheit, gibt uns das Eintreffen einer Nachricht tatsächlich immer einen gewissen suchtauslösenden Kick. Sodass schnell Langeweile aufkommt, legen wir mal eine »Funkstille« ein.

Da Produktivität bei uns einen hohen Stellenwert genießt, verweigern wir uns der Tretmühle ständiger Erreichbarkeit und Aktivität nie und haben selbst in der Freizeit ein schlechtes Gewissen, wenn wir das Smartphone einmal abschalten. »Nichtstun« halten wir für ungehörig und selbstsüchtig.

Doch Gelassenheit verträgt sich nicht mit ständiger Geschäftigkeit und Stress. Um zur Ruhe kommen zu können, müssen wir uns erholen, müssen entspannen – und zwar guten Gewissens.

Trommeln

In allen Kulturen gehört das Trommeln zu den Grundelementen der Musik. Rhythmen verbinden, gelten als heilend und bewusstseinserweiternd. Jeder Melodie verschaffen Schlaginstrumente einen stabilen Rahmen, seien es die schamanischen Klänge Indonesiens oder Symphonien von Beethoven.

Trommeln mindert Stress, lindert Schmerzen, fördert die Entspannung, stärkt das Immunsystem und synchronisiert die beiden Gehirnhälften. Es verbindet uns mit der Essenz unseres Lebens: dem Herzschlag.

Das Universum ist voller Strahlungsenergie. Den Erkenntnissen der Quantenphysik zufolge hat vom kleinsten subatomaren Teilchen bis hin zum größten Stern *alles* sein bestimmtes Schwingungsmuster. Das Trommeln nun verbindet uns Menschen mit unserem jeweiligen Schwingungszustand. Und die hypnotische Trance, in die es uns versetzt, wirkt wie ein Stärkungsmittel für die Seele.

Wenn Sie sich nicht eigens ein Schlaginstrument kaufen möchten, können Sie auch mit den Händen oder einem Stift auf der Tischplatte trommeln. Bitte mindestens 60 Sekunden lang. Achten Sie auf Klangfarbe, Rhythmus, Lautstärke und Tempo Ihres »Instruments«:

Beginnen Sie ganz langsam.

 Steigern Sie Klangintensität und Lautstärke.

 Gegen Ende drosseln Sie das Tempo dann wieder.

Haben Sie das Widerhallen des Trommeltakts in Ihrem Körper gespürt? Und die Entspannung bemerkt, zu der Ihnen diese kleine Übung verholfen hat?

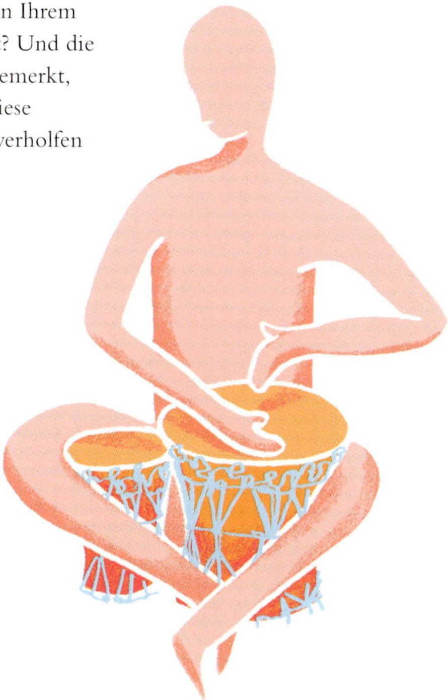

Kerzenbetrachtung

Eines meiner liebsten Musikerlebnisse ist immer das Singen des Weihnachtsliedes »Oh Holy Night« am Heiligen Abend, während die Kerzen in der Kirche angezündet werden. Dann stehe ich, noch fast ganz im Dunkeln, vor der Gemeinde, und hinter mir beginnt die Orgel zu spielen.

»Oh Holy Night, the stars were brightly shining …« Eine Kerze nach der anderen wird entfacht, bis die Flammen allmählich die Finsternis vertreiben und sich in den strahlenden Gesichtern der Kirchgänger widerspiegeln.

»Fall on your knees, oh, hear the angel voices …« Tatsächlich scheint jede neu entflammte Kerze die Anwesenheit der Engel zu bezeugen.

Kerzenschein veredelt ein Abendessen, erzeugt eine romantische Atmosphäre, macht das Badezimmer zum Spa und zaubert festliche Stimmung herbei. Schon eine einzige brennende Kerze fasziniert, denn sie stellt eine Einladung in die Stille dar.

- ☀ Zünden Sie eine Kerze an und stellen Sie sie vor sich.

- ☀ Schauen Sie mit »weichem Blick« (mit entspannten, halb geschlossenen Augen) in die Flamme.

✺ Benennen Sie alles, was Sie sehen: »tanzende Flamme«, »goldenes Licht«, »in der Mitte blau« …

✺ Beobachten Sie die Bewegung der Flamme.

✺ Sollten Ihre Gedanken abschweifen (was sie mit Sicherheit tun werden), konzentrieren Sie sich wieder auf die Kerze.

✺ Auch das Ausblasen ist noch Teil der Übung. Beobachten Sie, wie der Rauch aufsteigt, und stellen sich dabei vor, dass er allen Stress, den Sie hatten, mit sich nimmt.

Balasana

Die folgende beliebte Übung aus dem Yoga trägt auch den Namen »Stellung des Kindes«.

Bei dieser Übung werden der untere Rücken, die Hüften, Oberschenkel, Knie und Fußgelenke sanft gedehnt. Gleichzeitig intensiviert sie die Blutzufuhr zum Hirn und hat eine beruhigende Wirkung.

- ❊ Knien Sie sich auf den Teppich oder eine Yogamatte.

- ❊ Senken Sie den Po auf Ihre Fersen ab.

- ❊ Beugen Sie sich so weit vor, dass Ihr Bauch auf den Oberschenkeln liegt und die Stirn auf dem Boden. (Sollte Ihnen das zu schwer sein, können Sie sich ein Kissen entweder zwischen Po und Fußgelenke oder Brust und Oberschenkel legen.)

- ❊ Die Arme positionieren Sie so neben Ihrem Körper, dass die Hände die Füße berühren. (Alternativ können Sie die Arme auch vor sich ausstrecken. Vielleicht probieren Sie beides mal aus und entscheiden, was Ihnen mehr zusagt.)

- ❊ In dieser Stellung überlassen Sie es dem Körper, noch tiefer in sich einzusinken. Dabei atmen Sie ganz normal weiter.

- ❊ Sollten Sie in Ihrer Beweglichkeit eingeschränkt sein, können Sie auch auf einem Stuhl Platz nehmen, sich ein Kissen auf den Schoß legen, sich nach vorn beugen und die Beine umarmen.

Behalten Sie diese Stellung einige Minuten lang bei und genießen Sie das Gefühl innerer Entspannung.

Der beruhigende Atem

Dass uns gewisse Situationen Angst machen, ist ganz natürlich: Zahnarztbesuche etwa, Sprechen vor Publikum, eine Unterredung mit dem Chef, operative Eingriffe oder auch Flugreisen.

Situationen, die uns nicht ganz geheuer sind oder uns mit Angst erfüllen, lösen ein Feuerwerk körperlicher Reaktionen aus: Herzrasen, schwitzende Hände, Kurzatmigkeit, Bauchgrimmen und Panikgedanken. Doch zum Glück steht uns stets ein wirksames Gegenmittel zur Verfügung: der Atem.

Kaum etwas ebnet den Weg zu innerer Ruhe auf so einfache und dabei doch effektive Weise wie »bewusstes Atmen«. Und wir können jederzeit damit beginnen.

Die folgende Übung bringt Geist, Körper und Seele zur Ruhe. Begeben Sie sich dafür bitte in eine bequeme Sitzposition.

- Entspannen Sie die Kieferpartie.

- Führen Sie die Finger an die Lippen und atmen Sie ein paarmal tief ein und aus. (Das Berühren der Lippen dient der Aktivierung des parasympathischen Nervensystems, unserer natürlichen Pausentaste.)

- Nun legen Sie die Hände mit den Innenflächen nach oben in den Schoß und atmen normal weiter.

- Während Sie Luft holen, denken Sie: »Beim Einatmen bin ich ganz ruhig.«

- Sobald Sie die Luft wieder ausströmen lassen, sagen oder denken Sie: »Beim Ausatmen bin ich ganz entspannt.«

- Folgen Sie den Bewegungen Ihres Atems: … ein … und aus …

- Dieser Zyklus wird fünf Minuten lang wiederholt. (Mit einem Timer ersparen Sie sich den ständigen Blick auf die Uhr.)

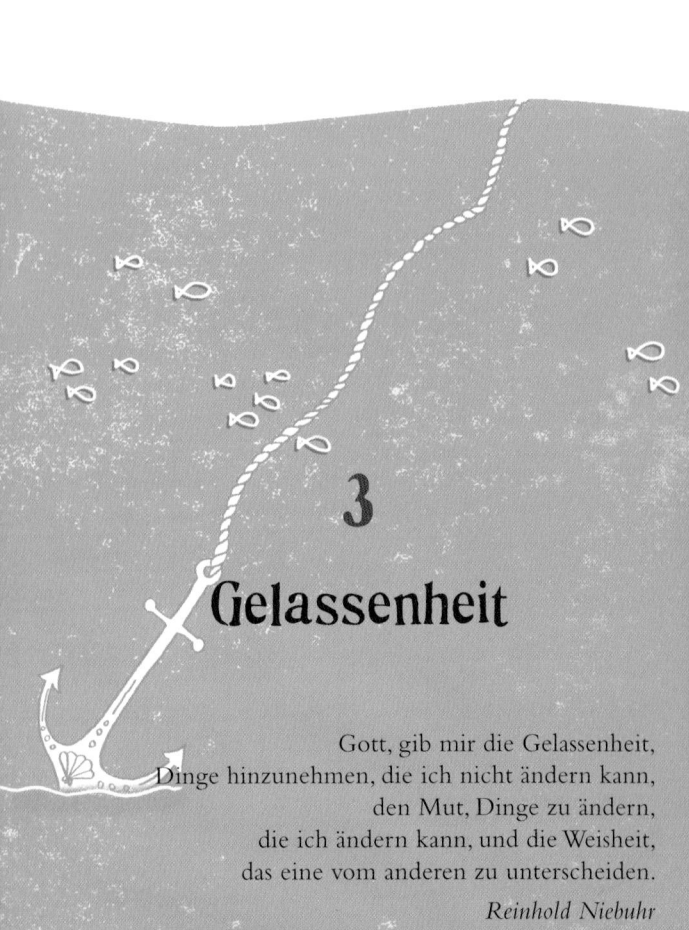

3
Gelassenheit

Gott, gib mir die Gelassenheit,
Dinge hinzunehmen, die ich nicht ändern kann,
den Mut, Dinge zu ändern,
die ich ändern kann, und die Weisheit,
das eine vom anderen zu unterscheiden.

Reinhold Niebuhr

Die Kunst der Gelassenheit besteht darin, auch in schwierigen Zeiten die Nerven nicht zu verlieren und einen klaren Kopf zu bewahren. So in sich selbst verankert zu bleiben, dass Sorgen oder Ärger einen ebenso wenig aus dem Gleichgewicht bringen können wie Gereiztheit oder Ungeduld.

Hört sich zu schön an, um wahr zu sein? So, als wären nur Erleuchtete dazu befähigt? Doch Gelassenheit lässt sich kultivieren, und zwar durch Achtsamkeit. Am besten fangen Sie damit an, dass Sie Ihre Reaktionen beobachten, dass Sie registrieren, wie sich die Gefühle in Ihrem Körper niederschlagen und wie Gedanken aufkeimen.

Achtsamkeit bedeutet, präsent zu sein und Erfahrenes neutral zu betrachten. Wer sich dieser Praxis verschreibt, wird mit der Zeit immer seltener übereilt reagieren. Auf dem Weg zur Gelassenheit stellen die folgenden Übungen wichtige Richtungsanzeiger dar.

Bewegte Silben

Auszeit gefällig? Die folgende Technik wirkt beinahe wie ein spiritueller Kurzurlaub vom Alltag.

 Zu Beginn setzen Sie sich bequem hin und schließen die Augen.

 Im Folgenden sagen Sie je eine der vier Silben SA, TA, NA und MA, während Sie beidhändig nacheinander den Daumen mit Ihren anderen vier Fingern berühren. Und zwar so:

Daumen am Zeigefinger
Dabei sagen Sie: Sa

Daumen am Mittelfinger
Dabei sagen Sie: Ta

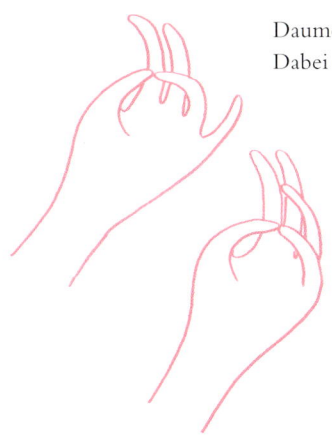

Daumen am Ringfinger
Dabei sagen Sie: Na

Daumen am kleinen
Finger
Dabei sagen Sie: Ma

 Diese Sequenz wiederholen Sie mit beiden Händen gleichzeitig insgesamt sechs Mal:
In den ersten beiden Runden sprechen Sie die Silbe laut aus.
In den darauffolgenden zwei Runden flüstern Sie sie.
In den letzten zwei Runden denken Sie die Silben nur noch.
Um die beruhigende Wirkung der Übung zu erhöhen, können Sie die »stummen« Runden fortsetzen, solange Sie mögen.

Die Silben aus dem Sanskrit bedeuten übrigens »Geburt«, »Leben«, »Zerstörung« und »Erneuerung«. Das Berühren der Finger steigert Konzentration, Klarheit und Ausgeglichenheit.

Weise Worte

Ein König war einst auf der Suche nach einem Mantra – einem Sätzchen, das ihm Rat und Führung zu geben vermochte. Also rief er alle weisen Männer seines Landes zu sich, um sie nach einem sprachlichen Kompass zu befragen, der immer und unter allen Umständen verlässlich seinen Dienst tun würde.

Einer der Weisen brachte ihm einen Ring mit der Inschrift »Auch das geht vorbei«. Der König nahm ihn an sich. Hatte er einen Triumph erzielt, las er den Satz, um seinen Stolz zu zügeln. Wurde er von Sorgen geplagt, fand er Trost darin. Und während seiner gesamten weiteren Regentschaft dienten ihm diese vier unscheinbaren Wörtchen tatsächlich als kluger Ratgeber:

Auch das geht vorbei

Östliche wie auch abendländische Weisheitstraditionen bedienen sich bestimmter »Mantras« – Worte oder kurzer Sätze – als Gegenstand der Meditation, als Mittelpunkt oder Anker der stillen Kontemplation.

- Sie sitzen bequem und schließen die Augen.

- Besinnen Sie sich auf die Worte: »Auch das geht vorbei.« Vielleicht stellen Sie sich den Satz als Schriftbanner am

Himmel vor. Oder Sie hören die Worte im Rhythmus Ihres Atems.

※ Sobald Sie ein Abschweifen Ihrer Gedanken bemerken, lenken Sie sie auf den Satz zurück: »Auch das geht vorbei.«

※ Nach einigen Minuten überlegen Sie, welche Bedeutung dieser Satz für Ihr Leben haben könnte.

Im Laufe der Zeit ändert sich alles. Bald schon werden Ihre heutigen Probleme der Vergangenheit angehören. Doch auch Dinge, die Ihnen momentan Spaß machen, werden das nicht ewig tun. Deshalb bietet die Erkenntnis »Auch das geht vorbei« eine gute Ausgangsbasis für stetig wachsende Gelassenheit.

Genießen Sie Ihre Nicht-Zahnschmerzen

Thich Nhat Hanh, ein weiser spiritueller Lehrer
aus Vietnam, verknüpft das Erlangen inneren Friedens gern mit der Wahrnehmung dessen, was man *nicht* hat. Wer jemals unter Zahnschmerzen litt, weiß, wie schlimm die sein können. So schlimm, dass man nichts anderes mehr wahrnehmen, an nichts anderes mehr denken kann. Und buchstäblich alles dafür geben würde, KEINE Zahnschmerzen mehr zu haben.

Sind die Zahnschmerzen dann jedoch wieder weg, geraten sie auch schnell in Vergessenheit. Wir wenden uns dem nächsten Problem zu, lassen uns von neuen Sorgen plagen.

Bei der folgenden Gelassenheitsübung schreiben Sie sich zehn Dinge auf, unter denen Sie heute NICHT leiden, die aber ausgesprochen unangenehm wären, wenn Sie Realität wären. Hier einige meiner persönlichen Favoriten:

Ich freue mich,
dass ich heute

nicht obdachlos bin,
nicht im Krankenhaus
liege,
nicht unter Übelkeit leide,
keine Migräne habe,
nicht Insolvenz anmelden muss,
nicht erblinde,
nicht in einen Schneesturm geraten bin,
nicht darüber klagen muss, dass mir der Strom
abgestellt wurde,
keinen Platten habe,
nicht ernsthaft erkrankt bin.

An alles, was wir zwar haben, aber nicht wollen (Stress, Termine, finanzielle Verpflichtungen und so weiter), denken wir oft. Da erweitert es den Blickwinkel enorm, wenn wir uns auch mal die Dinge vor Augen führen, die wir gerade nicht haben, aber auch wirklich nicht haben wollen.

Meditieren in drei Schritten

Die Idee zu meditieren empfinden viele als einschüchternd, weil sie sich nichts darunter vorstellen können oder meinen, man müsse dabei mindestens 20 Minuten lang stillsitzen. Doch in Wahrheit haben bereits kurze Meditationen einen enorm positiven Effekt auf den weiteren Verlauf des Tages.

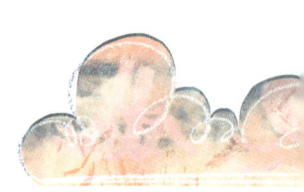

Die folgende Übung besteht aus drei kleinen Schritten. Und es genügt völlig, wenn Sie auf jeden von ihnen eine Minute verwenden. Setzen oder legen Sie sich bequem hin – und dann geht es so weiter:

Erster Schritt: Registrieren Sie zunächst Ihre Umgebung – Geräusche, Lufttemperatur, etwaige Gerüche, die Struktur der Unterlage, aber auch Ihre körperlichen Empfindungen. Sind Sie irgendwo verspannt? Nehmen Sie all das mit ruhigem, neutralem Interesse wahr. Sollten Ihre Gedanken abschweifen (was sie bestimmt tun werden), bemerken Sie innerlich einfach: »Denken« und wenden sich wieder

der Umgebung zu. Dieser Prozess verankert Sie im gegenwärtigen Augenblick.

Zweiter Schritt: Spüren, hören, beobachten Sie einfach Ihren Atem. Benennen Sie die beiden Etappen des Luftholens und -wiederabgebens: Einatmen … Ausatmen … und so weiter. Sobald Ihre Gedanken abschweifen, bemerken Sie innerlich einfach: »Denken« und wenden sich wieder dem Atem zu. Oder Sie stellen sich Ihre Gedanken als vorbeiziehende Wolken am Himmel Ihres Geistes vor. Registrieren Sie, wie der Atem Sie nach innen führt.

Dritter Schritt: Stellen Sie sich eine Lichtsäule vor, die senkrecht durch Ihren ganzen Körper verläuft, vom Scheitel an abwärts. Das Licht hat eine Farbe, die Sie als beruhigend empfinden, und ist von angenehmer Temperatur. Mit dieser Licht- und Energiesäule verbinden Sie sich und genießen das Gefühl, mit Ihrer inneren Mitte zu verschmelzen.

4

Akzeptanz

Wer ein bisschen loslässt, empfindet ein bisschen Frieden. Wer viel loslässt, erntet großen Frieden. Und wer total loslässt, wird mit vollständigem Frieden belohnt.

Ajahn Chan

Ein direkter Weg zu innerer Ruhe ist Akzeptanz. Viele verwechseln sie jedoch mit Apathie, Desinteresse, Gleichgültigkeit oder Vermeidungsverhalten. Und Akzeptanz, meinen sie, führe zu Stagnation und Lähmung.

»Wie könnte ich denn Armut, Ungerechtigkeit, häusliche Gewalt, Rassenvorurteile und all die anderen Widerwärtigkeiten akzeptieren? – Oder auch die Aspekte meiner selbst, die einer Veränderung bedürfen?«

Akzeptieren heißt aber nicht billigen oder aufgeben; vielmehr bedeutet es, die Gegebenheiten des gegenwärtigen Moments anzuerkennen, auch wenn man sie gern verändern würde. Wer sich dem Fluss des Lebens widersetzt, lässt sich nicht nur dessen Schönheit entgehen, sondern versäumt auch die sich bietenden Gelegenheiten.

Der Widerstand Dingen gegenüber, die wir nicht in der Hand haben – Wetter, Verkehr, die Meinungen anderer Leute, der eigene Alterungsprozess –, kostet enorm viel Kraft und Lebenszeit. Doch sobald wir eine andere Haltung einnehmen und die Umstände akzeptieren, wie sie gerade sind, überkommt uns ein ungemein befreiendes, beruhigendes Gefühl. Und verrückterweise ermöglicht es genau diese neue Einstellung, die Verhältnisse zum Tanzen zu bringen und Veränderungen einzuleiten.

Folgen Sie dem Fluss des Lebens

Ein Klagelied höre ich von meinen Klienten schon seit Jahren gebetsmühlenartig immer wieder: *»Ich hab einfach keine Zeit für mich.«* Sport, meditieren, ein Buch lesen, spazieren gehen, Freunde treffen … keine Zeit dafür. Dieses Gefühl kennen wir wohl alle. Und für aufwendige Maßnahmen der Selbstfürsorge bleibt oft tatsächlich keine Zeit.

Etwas aber gibt es, wofür wir offenbar immer Zeit finden: Händewaschen. Und das bietet doch eine herrliche Gelegenheit für eine kleine achtsame Pause. Allein schon das fließende Wasser … repräsentiert es nicht Akzeptanz in ihrer schönsten Form? Man denke nur an Flussläufe, Wasserfälle, Stromschnellen, die Wellen des Meeres …

※ Gönnen Sie sich bei jedem Händewaschen bewusst eine Auszeit.

※ Nehmen Sie Temperatur und Druck des Wassers wahr, das über Ihre Hände rinnt.

※ Atmen Sie tief ein und aus, lassen Sie ganz bewusst los, um sich dem Fluss des Lebens anzuschließen.

Denken oder sagen Sie: »Ich nehme die Dinge, wie sie sind«, »Ich gebe mich dem Fluss des Lebens hin« oder »Ich bin für alles offen« – je nachdem, welche Formulierung Ihnen am meisten entspricht.

Klopfen Sie sich in die Ruhe

Das sogenannte Klopfen (ursprünglich EFT genannt, *emotional freedom techniques*, »Technik der emotionalen Freiheit«) stellt eine Verbindung aus Selbsthypnose, Affirmationen und Akupressur dar. Dabei beklopft man nacheinander neun bestimmte Meridianpunkte und spricht dabei einfache Sätze aus. Die Klopfmethode eignet sich zur Behebung fast jedes Problems. Die folgende allgemeine Anleitung zielt vor allem darauf ab, mehr Akzeptanz ins Leben zu bringen.

Die Klopftechnik lässt Ihnen viel Freiraum. So können Sie etwa je eine Körperseite mit einer Hand beklopfen oder auch beidseitig mit beiden Händen zugleich arbeiten. Entscheiden Sie selbst, was sich für Sie besser anfühlt.

Auf einer Skala von 1 bis 10 treffen Sie zunächst eine quantitative Bewertung eines bestimmten Problems: 1 heißt, es ist sehr leicht zu akzeptieren, 10, es ist sehr schwer zu akzeptieren.

Dann beklopfen Sie die Punkte einzeln mit den Fingern. So oft und so lange, bis Sie Ihren Widerstand auf der Skala nur noch mit 1 bewerten.

Jede Runde beginnt mit einer Affirmation, während derer Sie Punkt 1 beklopfen:

Während Sie Punkt 1 (an der Handkante, zwischen kleinem Finger und Handgelenk) beklopfen, sagen Sie laut: »Obwohl es mir schwerfällt, [Ihr Problem] zu akzeptieren, liebe und akzeptiere ich mich von ganzem Herzen.« Während Sie den Punkt weiter klopfen, wiederholen Sie den Satz zwei Mal.

Im weiteren Verlauf dieser Runde klopfen Sie die weiteren Punkte, während Sie jeden Satz einmal sagen:

 Sie klopfen Punkt 2 (Innenrand der Augenbrauen) und sprechen dabei laut den Satz: »Ich fühle mich so blockiert.«

 Sie klopfen Punkt 3 (Augenaußenwinkel) und sagen dabei laut den Satz: »Ich fühle mich in dieser Situation so blockiert.«

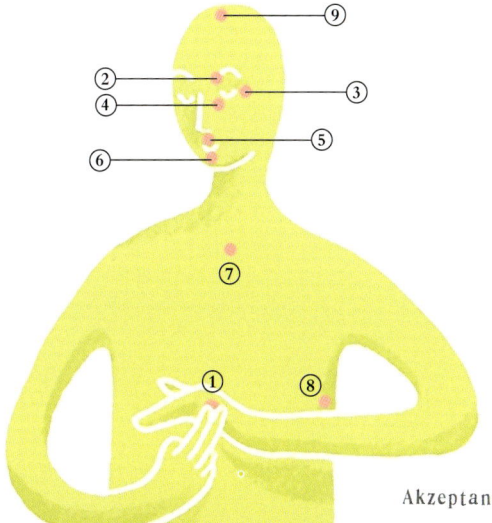

Akzeptanz

- ☀ Sie klopfen Punkt 4 (Wangenknochen, unter dem Auge) und sagen dabei laut den Satz: »Ich bin so blockiert.«

- ☀ Sie klopfen Punkt 5 (zw. Nase u. Oberlippe) und sagen dabei laut: »Ich fühle mich in dieser Situation so blockiert.«

- ☀ Sie klopfen Punkt 6 (zwischen Unterlippe und Kinn) und sagen dabei laut: »Ich fühle mich in dieser Situation so blockiert.«

- ☀ Sie klopfen Punkt 7 (zwischen den Schlüsselbeinknochen) und sagen dabei laut: »Ich fühle mich so im Widerstand.«

- ☀ Sie klopfen Punkt 8 (seitlich am Körper, unterhalb der Achseln) und sagen: »Ich bin es so leid, mich blockiert zu fühlen.«

- ☀ Sanft klopfen Sie Punkt 9 (Scheitel) und sagen dabei laut: »Ich bin bereit für etwas Neues.«

Dann atmen Sie tief durch und bewerten Ihr Problem wieder auf der Skala. Hat sich etwas verändert? Ist die Zahl schon runtergegangen? Um Sie auf 1 zu bringen, wiederholen Sie die Klopfabfolge. Die Formulierung bei Punkt 1 ist nicht in Stein gemeißelt, wandeln Sie sie nach Ihren Bedürfnissen ab. Wichtig sind nur das Klopfen und Ihre Absicht.

Wenn Sie mögen, können Sie sich gern täglich klopfen, um Ihren Widerstand abzuschwächen und mehr Akzeptanz zu entwickeln. Denn wie gesagt: Akzeptanz schafft innere Ruhe.

Lächeln

Wie viel Gutes ein einfaches Lächeln bewirken kann, werden wir wohl nie ganz ergründen. Friede jedenfalls beginnt immer mit einem Lächeln.

Mutter Teresa

Zur Erinnerung: Innerer Friede ist die Unabhängigkeit von äußeren Umständen. Jeglicher Widerstand dagegen bereitet Leiden. Akzeptanz jedoch – das Annehmen des gegenwärtigen Moments in seiner Gesamtheit – erzeugt Frieden.

Wenn nächstes Mal etwas eintritt, das Ihren inneren Widerstand mobilisiert – etwa eine Drucksituation oder eine negative Reaktion: Halten Sie einfach inne und lächeln Sie. Es wird Ihnen helfen, die Dinge so zu nehmen, wie sie gerade sind.

- ❋ Heben Sie Ihre Mundwinkel notfalls mit den Fingern an, um ein Lächeln zu erzeugen und sich daran zu erinnern, dass Akzeptanz letztlich viel mehr bringt als Widerstand.

- ❋ Atmen Sie tief ein und ganz langsam wieder aus.

- ❋ Versuchen Sie herauszufinden, was genau Ihren Widerstand eigentlich ausgelöst hat.

※ Fragen Sie sich:
»Was kann ich aus dieser Situation lernen?«
»Wie würde ich mich jetzt am liebsten verhalten?«
»Was könnten diese Umstände für mich bereithalten?«
»Welche Möglichkeiten stehen mir offen?«

Wie man weiß, wirkt Lächeln stimmungsaufhellend. Es regt die Produktion gewisser Botenstoffe, sogenannte Neuropeptide, an und wirkt darüber hinaus positiv auf die Blutzufuhr zum Hirn. Außerdem verbessert ein Lächeln nicht nur die eigene Stimmung, sondern ist auch ansteckend: Es hebt auch die Laune unserer Mitmenschen sofort. Lächeln Sie also, wenn Sie mehr Akzeptanz in Ihr Leben bringen wollen … Die Wirkung auf sich selbst und andere wird Sie überraschen.

Die 4-7-8-Atmung

Diese uralte Atemtechnik harmonisiert das zentrale Nervensystem und richtet es neu aus. Das kurze Ein- und doppelt so lange Ausatmen wirkt unmittelbar positiv auf das parasympathische Nervensystem ein, den Gegenspieler des Sympathikus in der Stressreaktion. Wer die 4-7-8-Atmung regelmäßig praktiziert, wird sich über kurz oder lang einer ruhigeren, weniger impulsiven Grundgestimmtheit erfreuen dürfen.

Vielen meiner Klienten, die früher unter Angstzuständen, Wut oder Panikattacken litten, geht es allein schon dadurch viel besser, dass sie diese Übung regelmäßig zweimal pro Tag durchführen. Denn sie wirkt inneren Widerständen entgegen und fördert so die Akzeptanz dessen, »was ist«.

Die Atmung:

❋ Beim Einatmen durch die Nase bis 4 zählen.

❋ Den Atem anhalten und dabei bis 7 zählen.

❋ Durch einen spitzen Mund ausatmen wie durch einen Strohhalm, dabei bis 8 zählen.

❋ Diesen Atemzyklus unmittelbar im Anschluss zweimal wiederholen.

❋ Diese drei Runden führen Sie jeweils einmal morgens und einmal abends aus.

Diese einfache Technik reichert das Blut mit Sauerstoff an und entleert die Lunge von Kohlendioxid. Das begleitende Zählen beschäftigt den Geist, während sich der Körper zu entspannen beginnt.

5
Dankbarkeit

In meinem Leben habe ich viele Katastrophen durchgemacht. Die meisten davon haben nie stattgefunden.
Mark Twain

Dankbarkeit ist eine Schnellstraße in die Glückseligkeit. Und zwar, weil der Geist zu dem wird, was ihn bewegt. Drehen sich unsere Gedanken um die ganzen Sorgen, den Stress, all das »Unkraut« in unserem Leben, beunruhigt ihn das. Es regt ihn auf. Trainieren wir den Geist jedoch auf das Gute, auf all die »Blumen« in unserem Leben, wird er immer zufriedener und dankbarer.

Der Geist ist wie eine Taschenlampe, die wir entweder auf unsere Sorgen richten oder auf unsere Freuden, auf Probleme oder auf Lösungen. Zum Glück haben wir die Lampe dabei in der Hand und können selbst entscheiden, wo ihr Licht hinfällt.

Dankbarkeit ist weniger Daseinszustand als vielmehr Gewohnheit. Und wie jede Gewohnheit bedarf sie der Übung. Wer also den Geist in Dankbarkeit schult, ist schon auf dem Weg zu innerem Frieden.

Dank am Morgen

Stimmungsentscheidend ist der Moment des morgendlichen Erwachens – noch vor dem Aufstehen. Wollen Sie jetzt wirklich an die Unmenge von Dingen denken, die Sie tagsüber zu erledigen haben … oder doch vielleicht lieber an all das Schöne, das Sie schaffen werden? Sie selbst bestimmen den Ton: Wird der vor Ihnen liegende Tag eine einzige Plage sein oder sich einfach prächtig entwickeln?

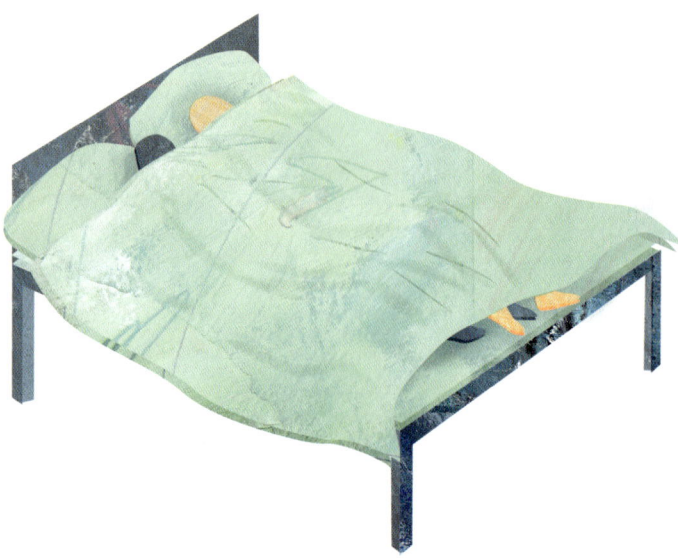

Das jüdische »Mode Ani« aus den Klageliedern Jeremias ist ein allmorgendliches Gebet des Dankes dafür, einen weiteren Tag erleben zu dürfen. Dieses schöne kleine Ritual hat mich zu folgender Übung inspiriert:

- Bringen Sie neben Ihrem Bett einen Klebezettel oder eine Postkarte mit der Aufschrift »ICH BEDANKE MICH« an.

- Noch im Liegen legen Sie sich eine Hand auf die Brust und die andere auf den Bauch. So fühlt sich ein Baby, wenn es von Mutter oder Vater gehalten wird.

- Dann atmen Sie in Ihre Hände und sagen: »Ich bedanke mich.« Spüren Sie, wie Dankbarkeit Sie erfüllt.

- Diesen Vorgang wiederholen Sie mindestens 3 Atemzüge lang.

- Um der Übung mehr Nachdruck zu geben, benennen Sie einige Dinge, für die Sie dankbar sind, zum Beispiel »Ich bedanke mich dafür, dass ich am Leben bin«, »… einen tollen Job habe«, »… von meiner Familie geliebt werde«.

Beginnen Sie jeden Tag in tief empfundener Dankbarkeit und lassen Sie sich davon überraschen, wie reibungslos er verläuft.

Das Positive in sich aufnehmen

Diese Übung, von mir noch um abwechselndes Beklopfen ergänzt, wurde ursprünglich von dem Neuropsychologen Rick Hanson entwickelt. Die Kombination von zwei Elementen dient dazu, die Haltung der Dankbarkeit so in den Gehirnstrukturen zu verankern, dass sie im Laufe der Zeit zu einem festen Bestandteil des Lebens wird.

Setzen Sie sich vor dem Zubettgehen einen Moment lang ruhig hin und besinnen Sie sich auf ein bis drei Aspekte des hinter Ihnen liegenden Tages, für die Sie dankbar sind. Die folgenden Schritte helfen Ihnen, diese Dinge nicht nur aufzuzählen, sondern richtig nachzuerleben.

- Führen Sie sich nacheinander jedes Ereignis, jede Situation, die Sie erinnern wollen, vor Augen.

- Während Sie immer mehr Details – Farben, Geräusche ... – heraufbeschwören, beklopfen Sie Ihre Beine rechts und links.

- Sie bleiben bei der Erinnerung und lassen Ihren Körper von Dankbarkeit durchfluten. Dabei beklopfen Sie weiterhin Ihre Beine: rechts, links, rechts, links.

- Stellen Sie sich vor, Sie würden das Gefühl der Dankbarkeit in sich aufsaugen wie ein Schwamm. Währenddessen hören Sie nicht auf, sanft Ihre Beine zu beklopfen.

- Verweilen Sie mindestens 20 Sekunden lang in diesem Gefühl, dem intensiven Empfinden von Dankbarkeit.

Blitzurlaub

Fakt ist: Körper und Geist reagieren auf unsere Vorstellungen, ob sie der Realität entsprechen oder nicht. So macht es etwa keinen Unterschied, ob Sie nur *visualisieren*, dass Sie am Strand in der Sonne liegen oder dies tatsächlich tun. In beiden Fällen wird sich Ihr Körper entspannen.

Deshalb können Sie durch bewusstes Visualisieren Ihren Gemütszustand verändern, um zum Beispiel heiter und gelassen zu werden, statt ängstlich und nervös zu sein. Dafür brauchen Sie sich nur vorzustellen, dass Sie sich in einem schönen, angenehmen Ambiente aufhalten.

Folgende Suggestionen versetzen Sie sofort in Urlaubsstimmung. Gehen Sie also mit geschlossenen Augen auf eine dieser Reisen:

- Begeben Sie sich an ein schönes Plätzchen, das Sie kennen und lieben. Vielleicht an Ihr Traumurlaubsziel oder an Ihren Lieblingsort, den Sie häufig aufsuchen.

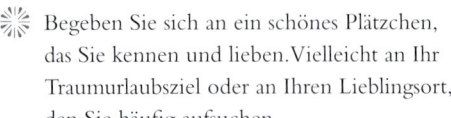

- Versetzen Sie sich in eine Lebenssituation zurück, in der Sie gern noch einmal wären. Vielleicht sind Ihre Kinder schon aus dem Haus, und Sie wünschen sich, sie wären noch einmal klein. Womöglich möchten Sie sich

aber auch an bestimmte
Momente Ihrer eigenen
Jugend intensiv erinnern.

※ Malen Sie sich einen magischen Ort aus: den
perfekten Berg, den idealen Strand oder einen ver-
wunschenen Waldweg, der zu einem Wasserfall führt.

Sobald Sie Ihre Situation oder Örtlichkeit gefunden haben,
beschwören Sie Einzelheiten herauf: Temperatur, Klänge,
Gerüche, Farben und Formen, Geschmäcker.

Konzentrieren Sie sich auf die positiven Gefühle
und Assoziationen, die die Vorstellung in Ihnen
hervorruft – Freude, Entspannung, ein Lächeln
und anderes mehr. Atmen Sie tief durch –
ein … aus … – und lassen Sie sich von
tiefem Wohlbehagen durchströmen.

Dankbarkeit

Alles im Rahmen

Im Alltag hetzen wir von einer Aktivität zur nächsten, und das kann sich ganz schön chaotisch anfühlen. Nach dem Aufstehen bringen wir die Kinder weg und düsen zur Arbeit, wickeln dort unsere Projekte ab, rasen zum Sport, schieben uns kurz was in den Mund, machen Besorgungen, Ordnung in der Wohnung, duschen in aller Eile und fallen todmüde ins Bett, nur um denselben Zirkus am nächsten Tag wieder abzuziehen.

Auch wenn uns das Leben wie eine einzige über uns hinwegrollende Lawine verschiedenster Aktivitäten vorkommen mag: Es gibt Gelegenheiten, sie klar voneinander abzugrenzen. Am besten wohl an Türen, die ja immer auch Schwellen sind. Jede Tür bietet die Chance zu kurzem achtsamen Innehalten und Wertschätzen des aktuellen Augenblicks.

Diese bewusst eingelegten Pausen zwischen dem, was Sie gerade getan haben, und dem, was Sie nun machen werden, helfen, das Leben deutlich wahrzunehmen – und zwar genau in dem Moment, in dem es sich abspielt.

Wählen Sie drei Türen, die diese bewussten Übergänge von einer Tätigkeit zur nächsten für Sie markieren: vielleicht Ihre Wohnungstür, die zweite am Arbeitsplatz und als Drittes die Tür zum Schlafzimmer.

※ Wann immer Sie den einen Ort verlassen, um sich an einen anderen zu begeben, berühren Sie den Türrahmen an der Innenseite oder auch am oberen Rand.

※ Überlegen Sie kurz, was hinter Ihnen liegt und welcher Grund zur Dankbarkeit daraus erwachsen ist. Dann denken Sie an Ihr nächstes Ziel und freuen sich darauf.

※ Nehmen Sie sich für diese Übung so viel Zeit, wie Sie benötigen.

Es wäre doch schade, würden Sie irgendwann feststellen müssen, dass das Leben fast unbemerkt an Ihnen vorbeigerauscht ist. Diese kleine Übung des kurzen Verharrens sorgt für tiefere innere Ruhe. Sie trägt dazu bei, dass Sie das Leben mehr genießen können – und zwar nicht nur bei besonderen Anlässen, sondern fortwährend, auch und gerade im Alltag.

Dankbarkeit

6
Mitgefühl

Im Gespräch mit seinem Enkelsohn sagte einst ein Großvater: »In jedem von uns tobt ein Kampf zweier Wölfe – dem Wolf der Angst und des Hasses sowie dem Wolf der Liebe und des Mitgefühls.«

«Und welcher von beiden trägt den Sieg davon?«, fragte der Junge nach einer Weile.

Die Antwort seines Großvaters lautete: »Der, den wir mit Nahrung versorgen.«

Legende amerikanischer Ureinwohner

Mitgefühl für sich selbst ist die Kunst, der eigenen Person gegenüber gütig, liebevoll, warmherzig zu sein und sich zu akzeptieren. Die meisten jedoch gehen unglaublich streng mit sich um, sowohl in ihrem (überkritischen, voreingenommenen) Denken als auch im Verhalten, das allzu oft destruktiv ist und sie unterminiert. Nett zu sich selbst zu sein fällt ihnen schwer, und von der Gesellschaft wird eine auf Mitgefühl beruhende Eigenliebe oft mit Egoismus oder Schwäche verwechselt. Härte steht viel höher im Kurs als Selbstfürsorge.

Dabei sind Menschen, die nachsichtig mit sich selbst umgehen, viel eher in der Lage, Mitgefühl für andere zu entwickeln. Denn wer sich selbst wirklich mag und seinen Schwächen, inneren Konflikten und Bedürfnissen mit liebevoller Güte begegnet, empfindet zunehmende Verbundenheit mit anderen Lebewesen. Wenn wir uns auf den Pfad des Mitgefühls mit uns selbst begeben, strahlen wir das aus, und es findet Widerhall bei unseren Zeitgenossen. So ebnen wir den Weg zu mehr Empathie unter den Menschen – überall auf der Welt.

Hand aufs Herz

Haben Sie sich je für doof, hässlich, gestört oder wertlos gehalten? Von solchen alles andere als schmeichelhaften Gedanken heimgesucht zu werden, ist nichts Ungewöhnliches. Oder sind Sie vielleicht auf andere Art und Weise unfreundlich zu sich? Indem Sie sich etwa ungesund ernähren, zu viel Alkohol trinken, keinen Sport machen und nicht genügend schlafen?

Wie schwer es sein kann, nett zu sich zu sein, gedanklich oder in Wort und Tat, verblüfft mich immer wieder. Ganz so, als wäre es leichter, sich selbst der schlimmste Feind zu werden, als die beste Freundin. Empathie der eigenen Person gegenüber bedeutet, dass man nett und freundlich zu sich ist, ohne seine Schwächen zu verleugnen. Zu einem Großteil fußt dieses Mitgefühl auf der Erkenntnis, dass wir alle nur Menschen sind – und damit fehlerbehaftet und sterblich. Grund genug, so viel Verständnis für sich selbst zu haben, finde ich, wie man es auch für andere aufbringen würde.

Jedem, der liebevoller mit sich umgehen möchte, empfehle ich, die folgende Übung möglichst häufig durchzuführen.

Legen Sie sich eine oder beide Hände aufs Herz. Dies vermehrt die Ausschüttung des Wohlfühlhormons Oxytocin.

 Setzen Sie sich in ein gutes Licht: Stellen Sie sich ein durch Ihren Scheitel in Sie eindringendes Licht vor, das bald Ihren ganzen Körper erfüllt.

 Mit der Hand (oder den Händen) noch auf dem Herzen sagen Sie nun einen der folgenden Sätze:
»Obwohl ich nicht fehlerfrei bin, akzeptiere ich mich.«
»Ich verdiene es, glücklich zu sein, ich liebe mich.«
»Trotz meiner Schwächen kann ich lernen, mich zu lieben.«
»Möge ich im Reinen mit mir sein. Möge ich glücklich sein.«
»Ich gebe mein Bestes.«
»Auch wenn ich mich manchmal unzulänglich fühle, bin ich okay.«
»Mit jedem neuen Tag kann ich mich weiterentwickeln.«

 Atmen Sie tief ein und aus.

Die Schmetterlingsumarmung

Diese Technik beruhigt, wenn Sie gestresst sind oder sich aufregen. Darüber hinaus ist sie eine gute Maßnahme zur Selbstfürsorge, weil sie Ihnen hilft, weicher zu werden – und das ist ein Kernelement zur Erlangung innerer Ruhe.

Entwickelt wurde die Schmetterlingsumarmung von Lucina Artigas, die mit den Überlebenden des Hurrikans Pauline im mexikanischen Acapulco 1997 gearbeitet hat. Die Übung beruht auf dem nervenberuhigenden Effekt abwechselnden Beklopfens.

- Kreuzen Sie die Arme vor der Brust so, dass die Spitzen Ihrer Mittelfinger unterhalb des Schlüsselbeins liegen.

- Der »Körper« des Schmetterlings sind die verschränkten Daumen, die ausgestreckten Finger bilden seine »Flügel«.

- Schließen Sie die Augen – ganz oder auch nur halb.

- Ein bis drei Minuten lang bewegen Sie nun abwechselnd die Hände (rechte Hand beklopft die Brust, linke Hand beklopft die Brust). Die Finger sollten zu den Schultern zeigen und nicht seitlich in Richtung der Arme.

※ Während Sie klopfen (also mit den Flügeln schlagen), atmen Sie tief in den Bauch hinein.

※ Achten Sie auf die Reaktionen Ihres Körpers.

Diese Übung verankert ein Gefühl der Besänftigung und Beschwichtigung in Ihren neuronalen Netzwerken und führt auf Dauer zu bleibender innerer Friedfertigkeit.

Für alle nur Gutes

Vor der Ladenkasse oder sonst wo in einer Schlange zu stehen kann ganz schön frustrieren. Es geht viel zu langsam vorwärts, und eigentlich müssten Sie längst woanders sein. Von Gelassenheit kann in solchen Situationen kaum die Rede sein.

Ich kenne das! Da ich zehn Jahre in New York gelebt habe, kann ich ein Lied davon singen. Und von meiner Ungeduld. Hätte ich doch die folgende Übung nur damals schon gekannt!

Wenn Sie demnächst wieder vor einer Kasse oder anderswo warten müssen, nutzen Sie diese Zeit als willkommene Chance, Wohlwollen zu verbreiten.

- Betrachten Sie diesen Moment als Gelegenheit, den Menschen, von denen Sie umgeben sind, liebende Güte zukommen zu lassen.

- Schauen Sie sich die Person vor Ihnen an. Machen Sie sich klar, dass auch sie Freude und Sorgen kennt, Träume hat und enttäuscht wurde. Ihre Eltern sind vielleicht schon tot. Allabendlich wünscht sich dieser Mensch eine erholsame Nachtruhe. Womöglich hat er schwer an seinen Belastungen zu tragen. Wünschen Sie ihm alles Gute: *Ich wünsche dir Frieden. Ich wünsche dir Freude. Ich wünsche dir, dass du glücklich*

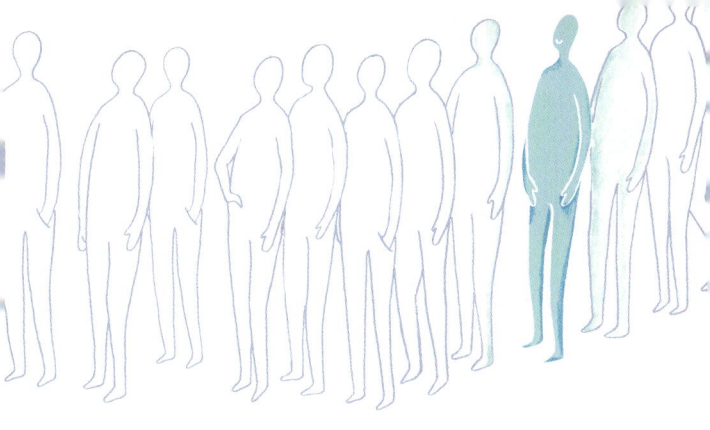

bist. Mögest du frei sein von Leiden … Pusten Sie diese guten Wünsche in Richtung des oder der Betreffenden.

※ Schauen Sie, wer in der Schlange hinter Ihnen steht, und wiederholen Sie den Prozess mit dieser Person.

※ Sobald Sie dann »dran« sind, widmen Sie der Kassiererin Ihre Empathie: Sie beide sind Menschen, kennen Freuden und Sorgen, Träume und Enttäuschungen. Sie beide möchten geliebt werden. Hoffen Sie nur das Beste für diese Person: *Ich wünsche dir Frieden. Ich wünsche dir Freude. Ich wünsche dir, dass du glücklich bist. Mögest du frei sein von Leid.*

Wer anderen Gutes wünscht, befreit sich damit von Frust, Ungeduld und Gereiztheit. Lassen Sie also liebende Güte in sich aufsteigen und schauen Sie, wie viel Sie selbst davon profitieren, dass Sie anderen nur das Beste wünschen.

Weltfriede

Sobald wir Zugang zum Frieden in unserem Inneren gefunden haben, strahlen wir die Friedfertigkeit auch aus. Die folgende energetisierende Atemtechnik dient dazu, Sie zu stärken, während Sie den Vorsatz fassen, Ihren Mitmenschen überall auf der Welt zu größerer Harmonie zu verhelfen.

Atmen Sie durch die Nase dreimal tief ein, als würden Sie schnüffeln. In Gedanken sind Sie dabei bei allen Lebewesen, die Leid ertragen müssen …

Dreimal »schnüffeln«:
im Gedenken an alle, die unter körperlichen und/
oder emotionalen Belastungen leiden.
Während Sie tief und lang ausatmen, schicken Sie ihnen
liebende Güte.

 Wieder dreimal »schnüffeln«:
im Gedenken an alle, die in Angst leben.
Während Sie tief und lang ausatmen, schicken Sie ihnen
Ihr Mitgefühl.

 Erneut dreimal »schnüffeln«:
im Gedenken an alle,
die unter Einsamkeit
leiden. Während
Sie tief und lang
ausatmen, übermitteln
Sie ihnen gedanklich
Ihre besten Wünsche.

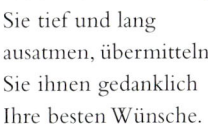

Das Leiden anderer zu lindern und sie glücklicher zu
machen ist ein ganz natürliches Bedürfnis. Schließlich
sind wir einander ähnlicher, als wir vielleicht denken.

7
Das größere Ganze

Es gibt zwei Möglichkeiten,
sein Leben zu leben: entweder so,
als wäre nichts ein Wunder,
oder so, als wäre alles eines.

Albert Einstein

Den Blickwinkel erweitern

Werfen Sie doch mal einen Blick auf Ihre Sorgen und die Dinge, von denen Sie sich gestresst fühlen. Mit größter Wahrscheinlichkeit dreht sich das meiste um Ihr persönliches Leben – Ihre Finanzen, die Arbeitsbelastung, Beziehungen, die Gesundheit. Das ist auch mehr als verständlich, schließlich handelt es sich ja um *Ihr* Leben.

Die innere Ruhe beruht jedoch großenteils darauf, dass wir einen Schritt zurücktreten und die eigene Lebenssituation aus einer größeren Perspektive heraus betrachten. Denn da ist dieses riesige Netzwerk von Menschen aller Altersgruppen, nah und fern, die alle ihre eigenen Konflikte haben. Da sind ganze Natursysteme, die wir gar nicht zur Kenntnis nehmen – die Welt vieler Tiere in der Luft und auf dem Land oder unter Wasser. Die Erde ist zudem nicht der einzige Planet, den es gibt, und jenseits der unsrigen existieren viele weitere Galaxien.

Etwas Mysteriöses durchzieht das Universum, dieses unermessliche Kaleidoskop von Mustern und Formen, das wir in seiner Gänze nicht verstehen können. Die einen führen es auf eine göttliche Quelle zurück, andere sprechen von

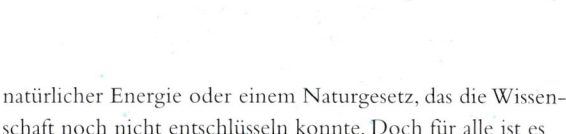

natürlicher Energie oder einem Naturgesetz, das die Wissenschaft noch nicht entschlüsseln konnte. Doch für alle ist es ein Mysterium. Etwas, das über uns Menschen hinausweist.

Sich in einem weit größeren Rahmen zu sehen hat etwas überaus Beruhigendes. Ob wir uns nun eher aus einer religiösen oder aus einer naturwissenschaftlichen Perspektive heraus betrachten: Es liegt Trost in dem Wissen, Teil eines viel größeren Ganzen zu sein.

Den Wandel gutheißen

Mehrere Jahre lang unterhielt ich einen Podcast mit dem Titel »Embracing Change« (»Den Wandel gutheißen«). Und ich fand es toll, wie schnell ich immer Themen fand, die sich unter dem Gesichtspunkt der Veränderung behandeln ließen. Eigentlich gab es nichts, auf das das nicht zutraf.

Die Beiträge drehten sich ums Älterwerden, ums Ausziehen der Kinder, um Elternschaft, Umzüge, Berufswechsel, Ehe, Scheidung, aber auch um Resilienz (Widerstandskraft) und Gelassenheit. Also um praktisch alle Lebenssituationen.

Mein Slogan lautete stets: »Veränderungen sind unvermeidlich, ob sie Ihnen nun zustoßen oder Sie selbst sie einleiten. Für ein mutiges Leben in Frieden und Gelassenheit kommt es entscheidend darauf an, den Wandel gutzuheißen.«

Sie können Veränderungen gutheißen oder sich ihnen widersetzen, eintreten werden sie so oder so. Die folgende Übung hilft dabei, sich mit dem Wandel anzufreunden.

- ❋ Betrachten Sie irgendetwas aus der Natur: eine Blüte, einen Baum oder sonst eine Pflanze oder auch eine Frucht. Machen Sie sich klar, dass die Form des Objekts nur vorübergehend ist. Vor Wochen war sie noch anders, und schon bald wird sie sich wieder gewandelt haben.

- ❋ Denken Sie daran, dass alles Lebendige vergänglich ist und sterben wird.

- ❋ Führen Sie sich vor Augen, dass auch Sie vergänglich sind und sterben werden.

- ❋ Sagen Sie: »Ich lerne, den Wandel gutzuheißen. Ich versuche, den Wandel gutzuheißen. Ich bin für Veränderungen offen.«

- ❋ Atmen Sie die Schönheit dieses Moments – des JETZT.

Das größere Ganze

Das Staunen kultivieren

Manchmal sind wir so beschäftigt, so unaufmerksam, so zerstreut, dass wir quasi mit geschlossenen Augen durchs Leben laufen und von der Welt, die uns umgibt, gar nichts mitbekommen. Legen Sie deshalb gezielt Pausen ein, um sich Ihrer Umwelt – der natürlichen wie der vom Menschen gemachten – bewusst zu werden und darüber zu staunen. Nehmen Sie dabei nacheinander die folgenden Perspektiven ein:

Betrachten Sie das Große: Schauen Sie hoch und weit.
- Blicken Sie zunächst in den Himmel. Achten Sie auf seine Farben, auf eventuelle Wolken. Danach erfassen Sie die Landschaft: Sie nehmen die Bäume wahr, Gebäude, Architektonisches und Natürliches. Genießen Sie diese Perspektive der Weite und Ausdehnung und staunen Sie über alles, was Ihnen vor die Augen kommt.

Betrachten Sie das Kleine: Schauen Sie sich in der Nähe um.
- Es kann etwas ganz Unscheinbares sein, natürlichen oder menschlichen Ursprungs, vielleicht einfach der Stift auf Ihrem Schreibtisch. Betrachten Sie ihn in allen Einzelheiten, vorzugsweise mithilfe einer Lupe, damit Sie auch ja nichts übersehen. Immer mehr Feinheiten fallen Ihnen ins Auge. Ist dieser Gegenstand nicht eigentlich ein kleines Wunder?

Wenn man sich nur mal einen Moment Zeit nimmt, sie zu betrachten, ist die Welt, die uns umgibt, einfach erstaunlich. Denken Sie nur an die schöpferische oder allgemein an die Arbeitskraft, die in die Entstehung all dessen eingeflossen ist, was Sie in Ihrer Umgebung sehen. Wenn das kein Staunen wert ist …

Das größere Ganze

Die innere weise Frau

In meiner Nachbarschaft gibt es eine Gruppe älterer Frauen, eine »Wise Woman Group«, die den enormen Zugewinn an Lebenserfahrung und Weisheit in den Mittelpunkt des Alterungsprozesses rückt und feiert. Und tatsächlich gilt der Archetypus der weisen Frau in vielen Kulturen als Inbegriff tradierten Erfahrungswissens.

Stellen Sie sich vor, Sie könnten Ihr zukünftiges Selbst um Rat und Empfehlungen bitten. Was würde es Ihnen wohl im Hinblick auf das Erlangen innerer Ruhe verraten?

Nach ihrem Studium litt meine Tochter unter großen Zukunftsängsten. Wo würde sie wohnen? Welchen Job würde sie bekommen? Wen würde sie heiraten? All das war ungewiss. Also schlug ich ihr vor, ihre innere weise Frau zu befragen und sich vom Standpunkt der 98-Jährigen in ihr einen Brief über ihre

Lebenserfahrungen zu schreiben. Meine Tochter fand das zwar etwas seltsam, probierte es aber aus. Und zum Glück hatte ihr älteres Selbst viele gute Ratschläge in petto.

Vielleicht profitieren ja auch Sie von der Weisheit des 98-jährigen Menschen, der in Ihnen schlummert. Ein solcher Perspektivwechsel lässt eine tiefere Gelassenheit aufkeimen.

- Stellen Sie sich mit geschlossenen Augen vor, 98 Jahre alt zu sein. Sehen Sie ein Bild der Person vor sich, die Sie einmal sein könnten?

- Stellen Sie Ihrer inneren weisen Frau eine Frage, die Ihnen auf den Nägeln brennt.

- Malen Sie sich aus, was Ihr 98-jähriges Ich Ihnen dazu wohl zu sagen hat.

- Seien Sie sich darüber im Klaren, dass Sie nunmehr Zugang zu einem älteren, weiseren, bewussteren Aspekt Ihrer selbst haben, der über den Verlauf Ihres Lebens genau Bescheid weiß.

- Schauen Sie, zu welchen neuen Erkenntnissen Ihnen diese Erweiterung des Blickwinkels verhilft.

Vier Richtungen

Bei allem, was wir täglich um die Ohren haben, sind wir oft so mit uns selbst beschäftigt, dass wir der wunderbaren Welt, deren Teil wir doch sind, kaum Beachtung schenken.

Konzentriert durchgeführt, dient diese Dehnübung dazu, Sie aus der Selbstbezogenheit herauszuholen und daran zu erinnern, dass Sie Teil einer viel größeren Welt sind. Stellen Sie sich vor, eine Art Kompass zu sein, dessen Nadel nach Osten und Westen, in den Himmel und auf den Erdboden zeigt, genauer: auf das Leben in diesen vier Bereichen. Aber das Atmen dabei nicht vergessen!

- **Stellen Sie sich aufrecht hin** mit Blick nach Norden.

- **Strecken Sie die Arme gen Himmel.** Denken Sie an alles, was über Ihnen ist: Baumwipfel, Vogelnester, an den Vogelflug, an Gleitsegler und Flugzeuge, Wolken und Sterne. Stellen Sie sich die ganze Welt vor, die über Ihnen ist, auch die anderen Planeten und Galaxien.

Das größere Ganze

Beugen Sie den Oberkörper gen Osten und strecken Sie die Arme nach rechts (entweder beide Arme oder nur den linken, während Sie den rechten in der Taille abstützen). Denken Sie an alles, was östlich von Ihnen liegt. An ein großes Wasser vielleicht, an all die Länder im Osten und die Menschen, die Sie dort kennen oder auch nicht, an die wilden oder zahmen Tiere in diesen Ländern, an ihre Pflanzenwelten. Und denken Sie nicht zuletzt daran, dass die Sonne allmorgendlich im Osten aufgeht.

 Beugen Sie den Oberkörper dann gen Westen und strecken Sie die Arme nach links (entweder beide Arme oder nur den rechten, während Sie den linken in der Taille abstützen). Denken Sie an alles, was westlich von Ihnen liegt. An ein großes Wasser vielleicht, an all die Länder im Westen und die Menschen, die Sie dort kennen oder auch nicht, an die wilden oder zahmen Tiere in diesen Ländern, an ihre Pflanzenwelten. Und denken Sie nicht zuletzt daran, dass die Sonne allabendlich im Westen untergeht.

Beugen Sie sich langsam nach vorn, sodass Ihre Hände zum Boden zeigen oder ihn nach Möglichkeit sogar berühren. Dafür dürfen Sie gern die Knie leicht beugen, wenn Ihnen das angenehmer ist. Oder Sie umfassen Ihre Ellbogen mit den Händen und lassen sich wie eine Lumpenpuppe nach vorn fallen. Atmen nicht vergessen! Stellen Sie sich das viele Leben auf der Erdoberfläche vor … die Ameisen, Insekten und anderen Tiere, das Gras und die Steine. Denken Sie auch an das Leben unter dem Meeresspiegel – an das gesamte Reich der Unterwasserwelt, an all die vielen Pflanzen und Fische, die dort zu Hause sind.

 Stellen Sie sich dann wieder gerade hin. Wie hat es sich angefühlt – sowohl die Dehnung des Körpers als auch Ihre bewusste Integration in die Kreisläufe des Lebens überall um Sie herum, deren Teil Sie sind?

Ein Garten des Friedens

Der Weg zum Frieden ist tausend Kilometer lang und muss Schritt für Schritt gegangen werden.

Lyndon B. Johnson

Wie ich hoffe, hat Ihnen dieses Büchlein mit seinen Übungen zu größerer innerer Ruhe und mehr Gelassenheit verholfen. Ich würde mir wünschen, dass Sie aufgrund der täglichen Praxis der vorgestellten Techniken nunmehr wissen, dass Sie nicht allein sind und den Schlüssel zu einem ganzheitlichen, »heilen« Leben selbst in der Hand halten.

Wenn Sie durch bewusstes Innehalten zu größerer Harmonie finden, wirkt sich das nicht nur auf Sie persönlich aus, sondern geht weit darüber hinaus. Es wirkt, weil Sie:

- sich erden und verwurzeln,
- entspannen,
- Gelassenheit an den Tag legen,
- Akzeptanz, Dankbarkeit und Mitgefühl kultivieren,
- das größere Ganze sehen.

Ich lade Sie ein, mit mir zusammen einen großen, herrlichen Garten anzulegen. Die Samen haben Sie bereits in sich. Und jede der vorgestellten Übungen stellt etwas Dünger, Sonnenschein und Wasser dar. In dem Maße, in dem Sie Ihren Garten nun hegen und pflegen, gehen die Samen auf. Durch die tägliche Praxis dieser ebenso einfachen wie effektiven Übungen bereiten Sie den Boden für das Wachstum der Keimlinge und werden sich bald an den ersten Blüten erfreuen können.

Ruhe und Gelassenheit liegen in Ihnen.

Und Sie tragen zu ihrer Verbreitung bei.

Literaturhinweise

Adyashanti: *In Gnade fallen. Einsichten in das Ende des Leidens*, Hamburg 2011

Baraz, J., und S. Alexander: *Freude*, München o. J.

Boroson, M.: *One Minute Meditation. Stille in einer hektischen Welt*, Reinbek 2015

Bush, A.D.: *Gelassenheit to go. Im Handumdrehen entspannt*, München 2014

Byron, Katie: *Lieben was ist. Wie vier Fragen Ihr Leben verändern können*, München 2002

Chödrön, Pema: *Den Sprung wagen. Wie wir uns von destruktiven Gewohnheiten und Ängsten befreien*, München 2012

Gach, M.R.: *Akupressur zur Selbstbehandlung von Krankheiten*, München 2000

Germer, C.: *Der achtsame Weg zum Selbstmitgefühl. Wie man sich von destruktiven Gefühlen und Gedanken befreit*, Freiburg 2015

Hanson, R.: *Hardwiring Happiness. The New Brain Science of Contentment, Calm, and Confidence*, New York 2013

Ortner, N.: *Tapping. Leben ohne Stress*, o. O. 2014

Salzberg, S.: *Das Handbuch der Achtsamkeit und Güte*, Güllesheim 2011

Tolle, E.: *Jetzt! Die Kraft der Gegenwart*, Bielefeld 2000

Über die Autorin

Ashley Davis Bush ist eine amerikanische Psychotherapeutin. Die gefragte Vortragsrednerin schreibt u.a. für The Huffington Post über die Themen Stressmanagement, Achtsamkeit, Beziehung und persönliche Entwicklung. Sie lebt mit ihrem Ehemann Dan und den fünf Kindern im südlichen New Hampshire/USA.

Dank

Ein herzliches Dankeschön geht an meine Lektorin Leanne Bryan. Sie war die weise Hebamme, die die gesunde Geburt dieses Büchleins erst ermöglicht hat. Auch möchte ich mich bei der überaus inspirierten Art Directorin Juliette Norsworthy bedanken, bei der hocheffizienten Projektmanagerin Polly Poulter sowie dem gesamten wunderbaren Team der Octopus Publishing Group. Außerdem gilt mein Dank John Willig, meinem engagierten Literaturagenten, verlässlichen Berater und Freund.

Euch, den Brüdern vom episkopalen Orden des heiligen Johannes, danke ich dafür, dass ihr seit mehr als einem Jahrzehnt für mich da seid, für eure Gastfreundschaft, eure Lehren und den Geist, den ihr ausstrahlt. Meiner liebsten Freundin Martha flüstere ich ein liebes »Om shanti« zu und danke für die Friedfertigkeit, in der sie mein Leben begleitet. Meinem wunderbaren Ehemann David, dem ich mein Herz geschenkt habe, danke ich für seine redaktionellen Fähigkeiten, seine überbordende Liebe und unser wunderschönes Zusammenleben.